300 Vocabulary Picture Flashcards

English - Portuguese

granddaughter

neta

grandmother

avó

grandson

neto

mother

mãe

nephew

sobrinho

niece

sobrinha

sister

irmã

son

filho

stepdaughter

enteada

stepmother
madrasta
stepson
enteado
uncle
tio
bowl
tigela
cup
copo
dish
prato
fork
garfo
glass
vidro
knife
faca

mug

caneca

napkin

guardanapo

pepper

pimenta

pitcher

jarro

plate

prato

salad

salada

salt

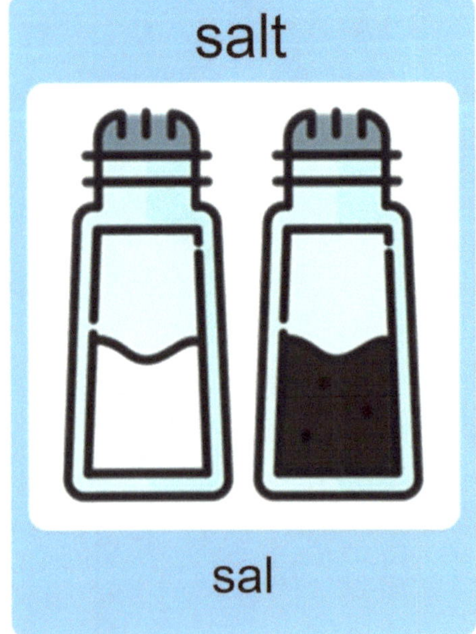

sal

saucer

pires

spoon

colher

sugar	Sunday	Monday
açúcar	domingo	segunda-feira
Tuesday	Wednesday	Thursday
terça	quarta-feira	quinta-feira
Friday	Saturday	bake
sexta-feira	sábado	assar

boil
ferver
broil
assar
can opener
abridor de lata
fry
fritar
grill
grade
measuring cup
copo medidor
measuring spoon
colher de medida
microwave
microondas
mixing bowl
tigela de mistura

paper towels

toalhas de papel

poach

ovo cozido

potholder

suporte de panela

roast

assado

rolling pin

rolo

scramble

passeio

simmer

ferver

knife

faca

spoon

colher

spatula
espátula
steam
vapor
strainer
filtro
timer
cronômetro
fork
garfo
toaster
torradeira
kettle
chaleira
refrigerator
frigorífico
blender
liquidificador

cabinet

armários

cupboard

armário

microwave

microondas

back

costas

cheeks

bochechas

chest

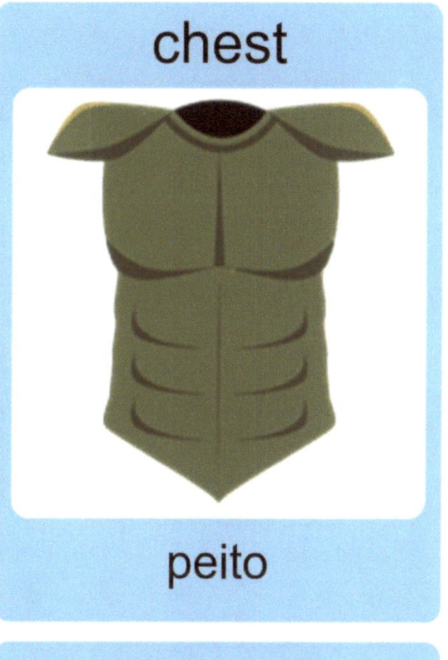

peito

chin

queixo

ears

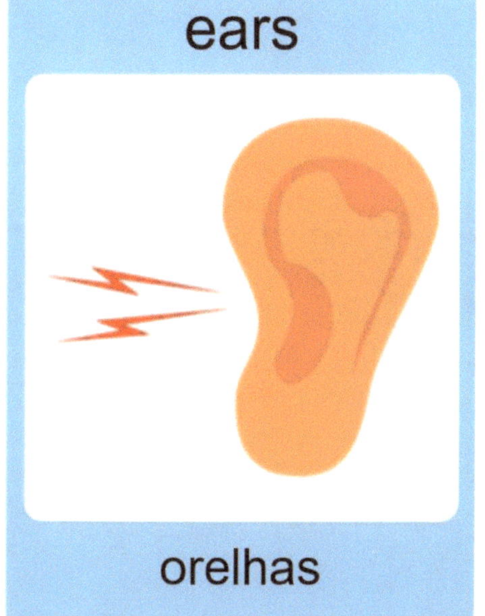

orelhas

eyebrows

sobrancelhas

eyes

olhos

feet

pés

fingers

dedos

foot

pé

forehead

testa

hair

cabelo

hands

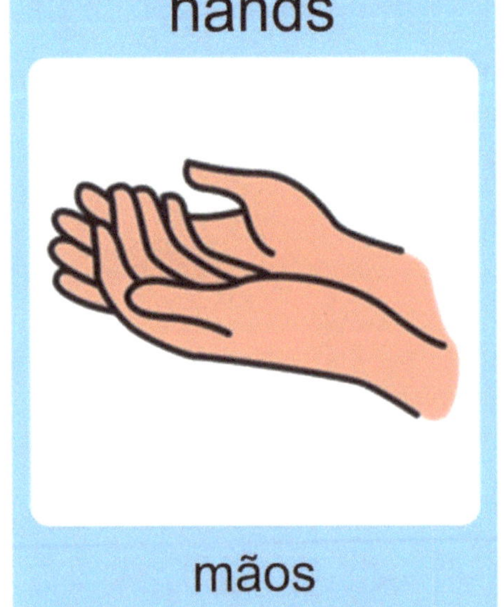

mãos

head

cabeça

hips

ancas

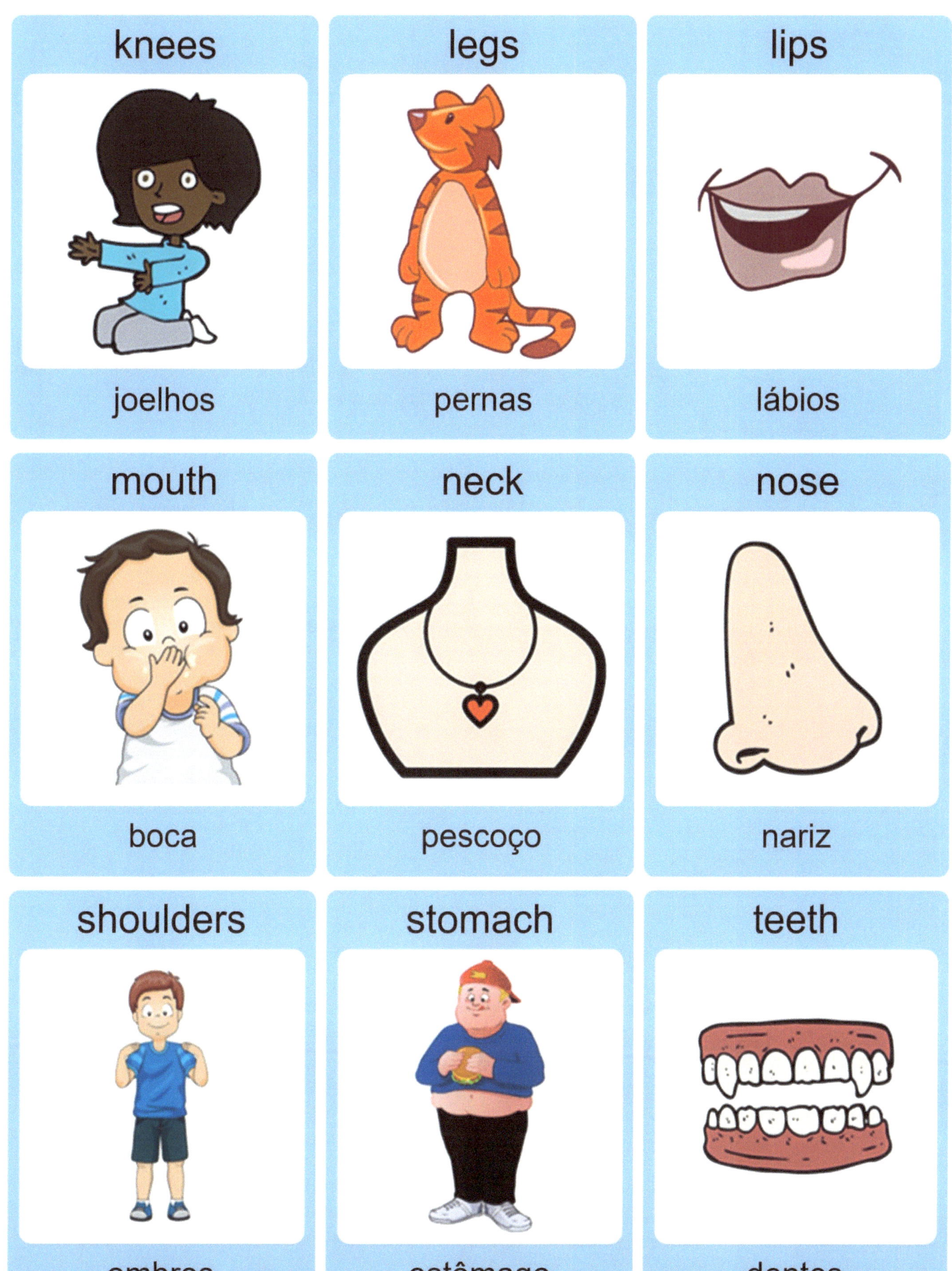

knees
joelhos
legs
pernas
lips
lábios
mouth
boca
neck
pescoço
nose
nariz
shoulders
ombros
stomach
estômago
teeth
dentes

throat

garganta

toes

dedos do pé

tongue

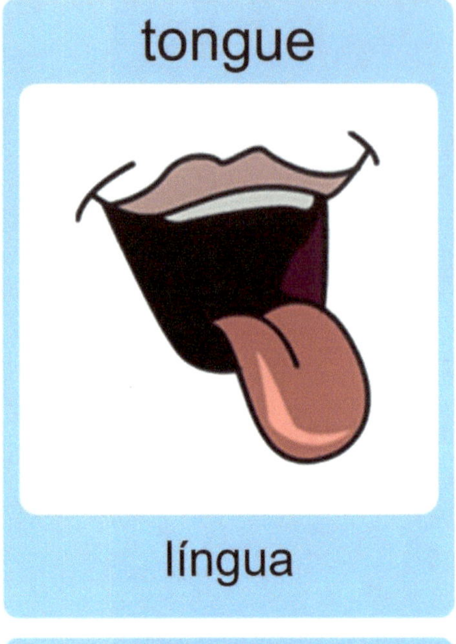

língua

tooth

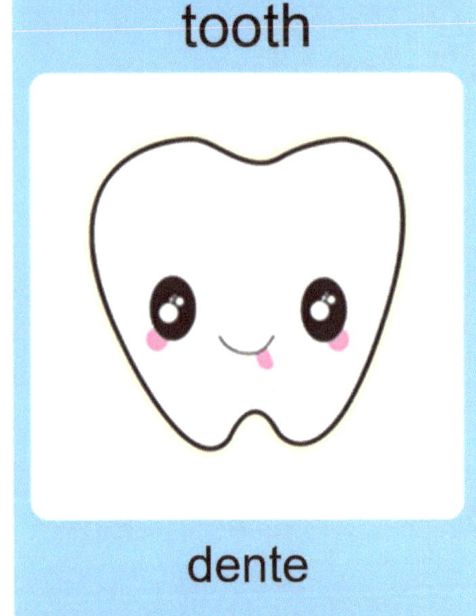

dente

waist

cintura

overalls

macacão

mittens

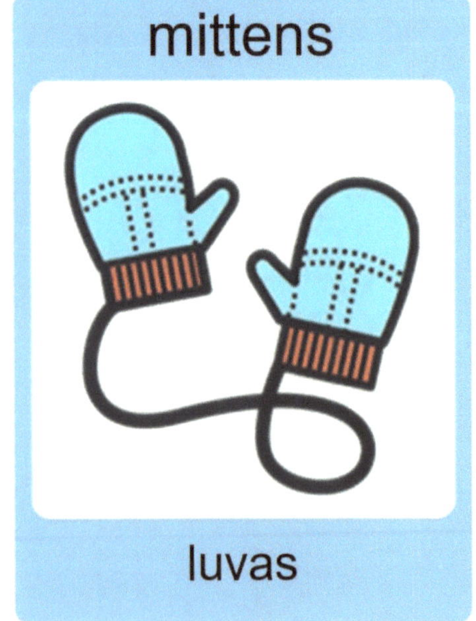

luvas

beanie

gorro

apron

avental

doll
boneca
rattle
chocalhos
toy
brinquedo
diaper
fralda
bassinet
berço
bib
babador
octagon
octógono
triangle
triângulo
square
Square
quadrado

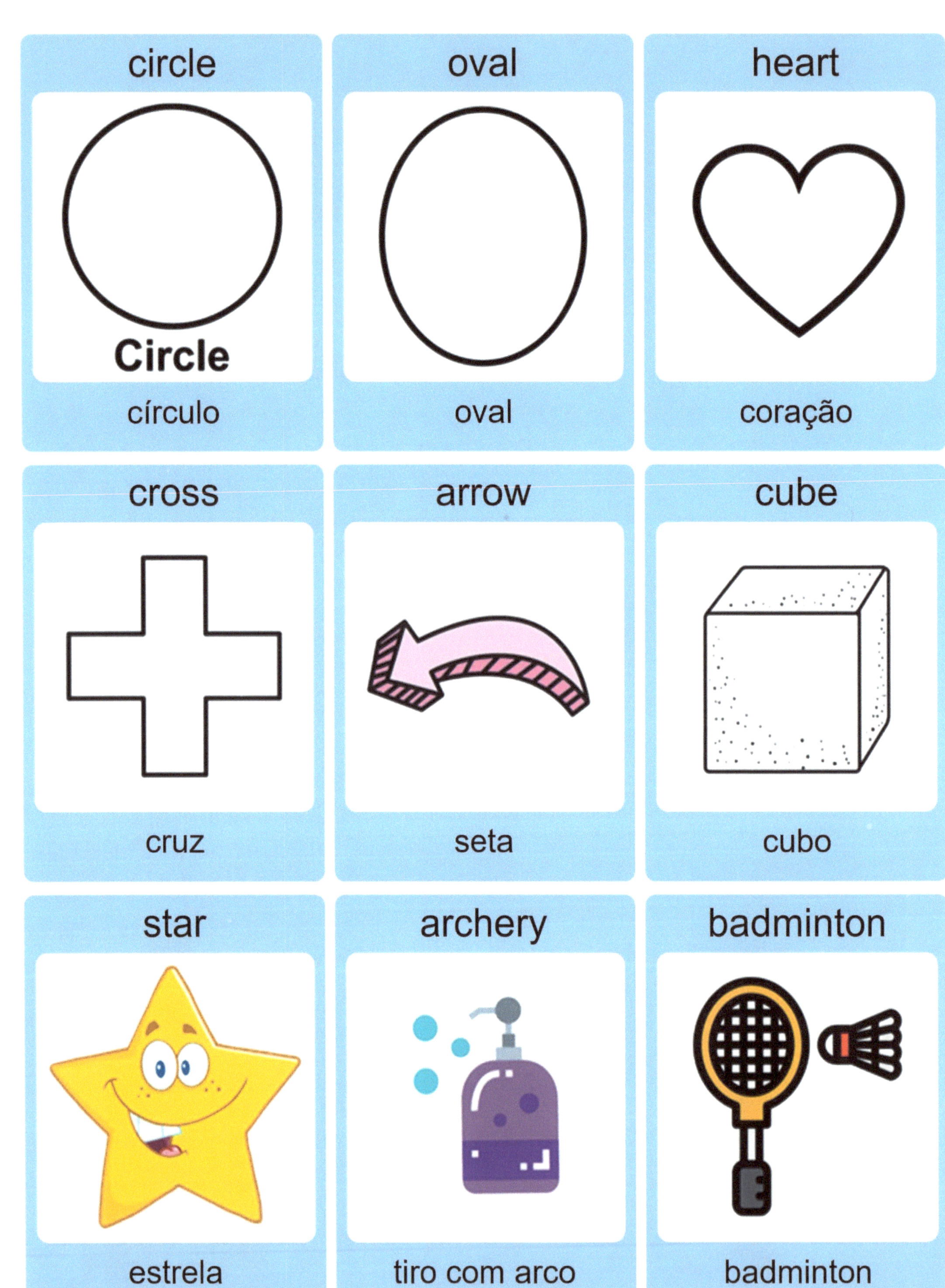
circle
Circle
círculo

oval
oval

heart
coração

cross
cruz

arrow
seta

cube
cubo

star
estrela

archery
tiro com arco

badminton
badminton

cricket
grilo
bowling
boliche
boxing
boxe
tennis
tênis
skateboarding
skate
surfing
prancha de surf
hockey
hóquei
yoga
ioga
fencing
esgrima

fitness

ginástica

gymnastics

ginástica

karate

karatê

volleyball

vôlei

weightlifting

levantamento de

basketball

basquetebol

baseball

basebol

rugby

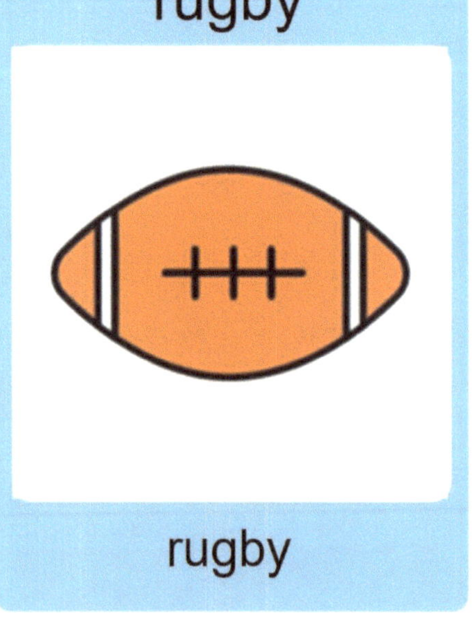

rugby

wrestling

luta livre

car racing

corridas de carros

cycling

ciclismo

running

corrida

table tennis

tênis de mesa

fishing

pescaria

judo

judo

climbing

escalada

shooting

tiroteio

golf

golfe

ride

passeio

sit down

sentar-se

stand up

levante-se

fight

luta

laugh

rir

read

ler

play

jogar

listen

ouço

cry

chorar

think

pensar

sing

cantar

watch tv

assistir tv

dance

dança

turn on

ligar

turn off

desligar

win

ganhar

fly

voar

cut

cortar

throw away

jogar fora

sleep

dormir

close

perto

open

abrir

write

escrever

give

dar

jump

saltar

eat

comer

drink

bebida

cook

cozinhar

wash

lavar

wait

esperar

climb

escalar

talk

falar

crawl

rastejar

dream

sonhe

dig

escavação

clap

aplaudir

knit
malha
sew
costurar
smell
cheiro
kiss
beijo
hug
abraço
snore
ronco
bathe
banhar-se
bow
curvando-se
paint
pintura

dive	ski	stack
mergulho	esqui	pilha
buy	shake	programmer
comprar	mexe	programador
veterinarian	street vendor	miner
veterinário	vendedor de rua	mineiro

teacher	bellboy	speaker

professor	mensageiro de hotel	alto falante
butcher	pharmacist	receptionist

açougueiro	farmacêutico	recepcionista
politician	tour guide	entrepreneur

político	guia turístico	empreendedor

ballet dancer

bailarina

astronaut

astronauta

judge

juiz

lawyer

advogado

cashier

caixa

taxi driver

taxista

plumber

encanador

musician

músico

chef

chefe de cozinha

baker

padeiro

artist

artista

actor

ator

bartender

barkeeper

hairdresser

cabeleireiro

bishop

bispos

optician

oculista

florist

florista

writer

escritor

accountant
contador

wine
vinho

coffee
café

lemonade
limonada

hot chocolate
chocolate quente

milkshake
milkshake

water
água

tea
chá

milk
leite

beer

cerveja

soda

refrigerante

smoothie

smoothie

milkshake

milkshake

coconut milk

leite de côco

orange juice

suco de laranja

cocoa

cacau

cheese

queijo

egg

ovo

butter
manteiga

margarine
margarina

yogurt
YOGURT!
iogurte

cottage cheese
queijo tipo cottage

ice cream
sorvete

cream
creme

sandwich
sanduíche

sausage
linguiça

hamburger
hamburger

hot dog
cachorro quente
bread
pão
pizza
pizza
steak
bife
roast chicken
frango assado
fish
peixe
seafood
frutos do mar
ham
presunto
kebab
kebab

bacon
bacon
sour cream
nata
cow
vaca
rabbit
coelho
duck
pato
shrimp
camarão
pig
porco
bee
abelha
goat
bode

crab

caranguejo

deer

veado

turkey

peru

dove

pomba

sheep

ovelha

fish

peixe

chicken

frango

horse

cavalo

wing chair

cadeira

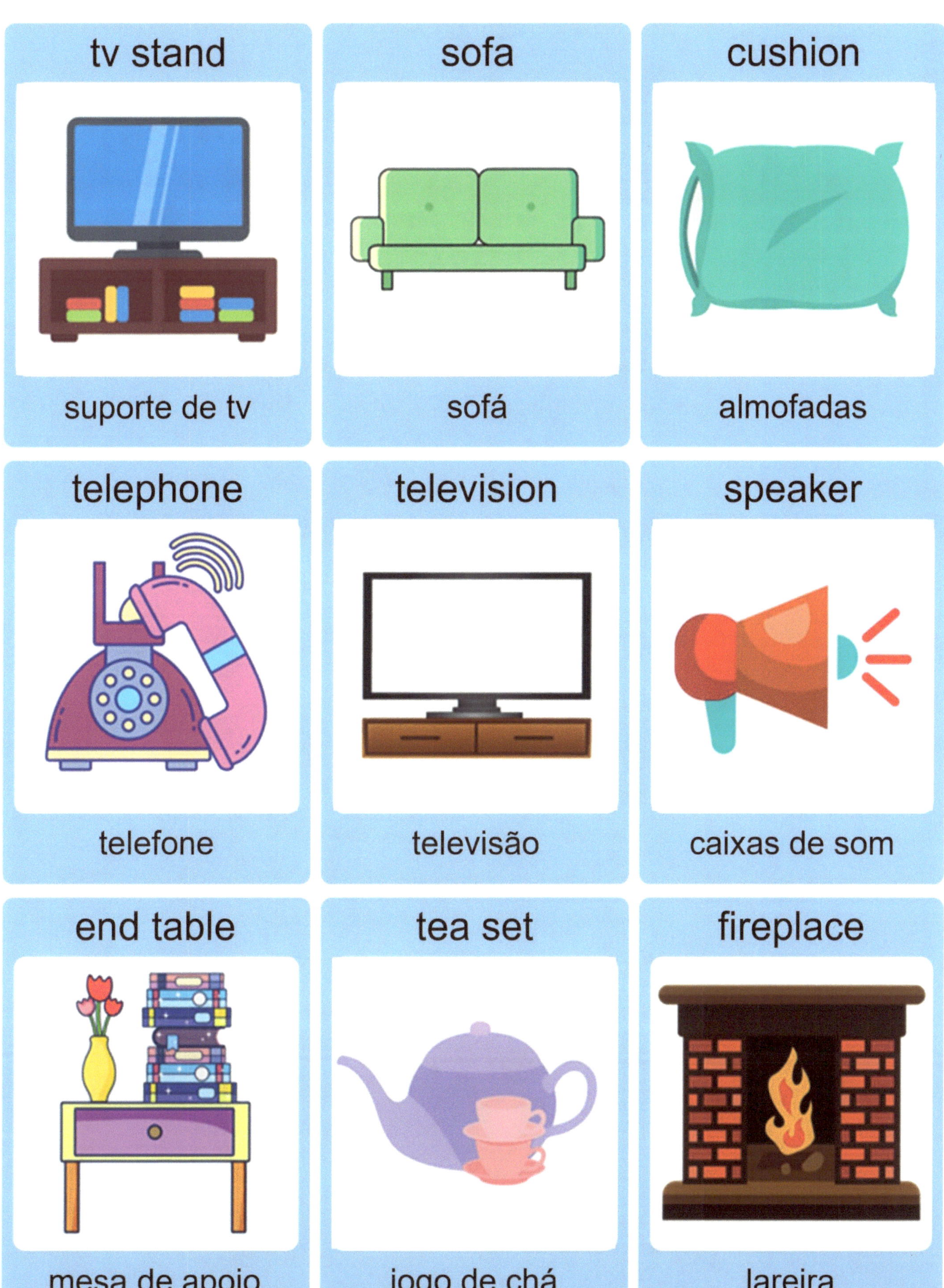

tv stand
suporte de tv
sofa
sofá
cushion
almofadas
telephone
telefone
television
televisão
speaker
caixas de som
end table
mesa de apoio
tea set
jogo de chá
fireplace
lareira

remote
remotos
fan
ventilador elétrico
floor lamp
luminária de piso
carpet
tapete
table
mesas
blinds
cortinas
curtains
cortinas
picture
cenário
vase
vaso

clock	pillow	hat stand

relógio	travesseiro	cabide de chapéu
dressing table	**table lamp**	**mirror**

penteadeira	lâmpada de mesa	espelho
ironing board	**hope chest**	**night table**

tabua de passar	caixa com gaveta	mesa de cabeceira

bed	air-conditioner	jug
	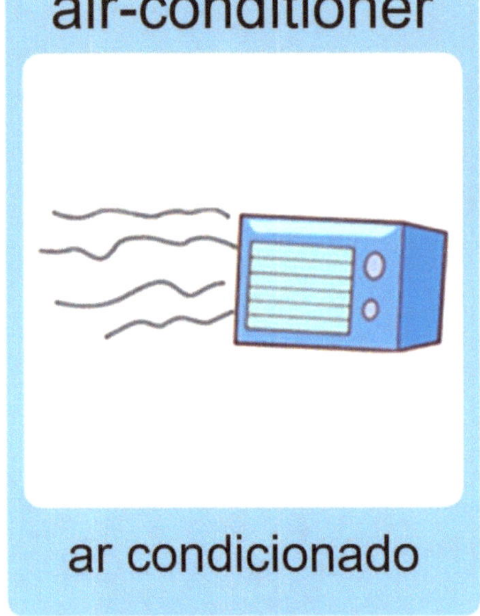	
cama	ar condicionado	jarro
toothpaste	toothbrush	soap
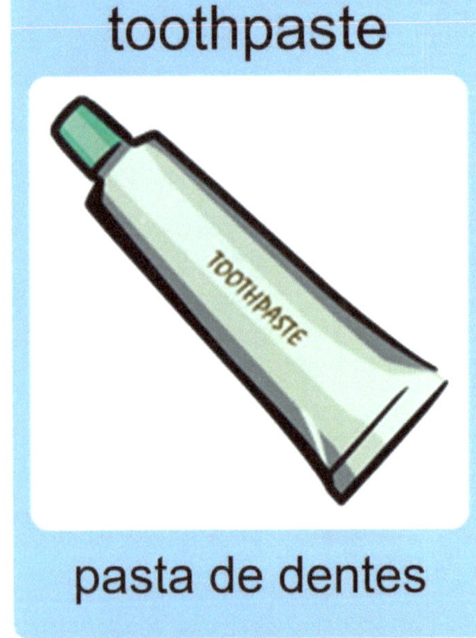	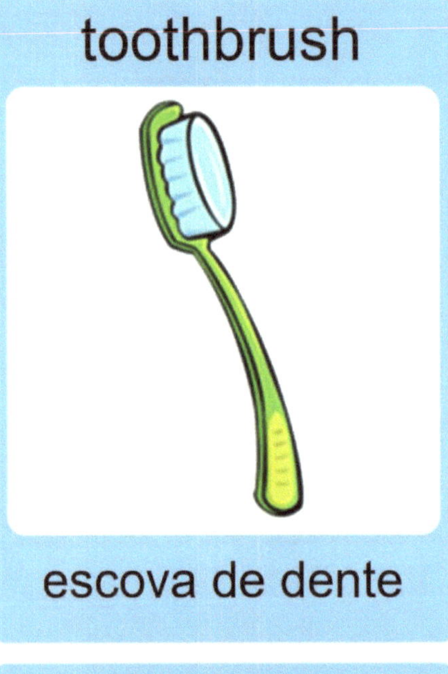	
pasta de dentes	escova de dente	sabonete
clothespin	hanger	hair dryer
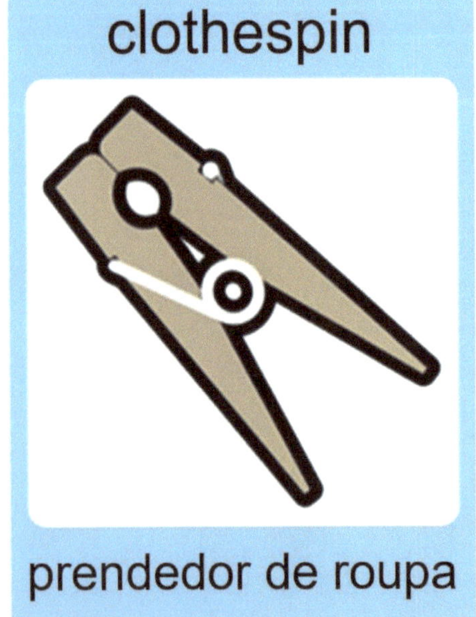		
prendedor de roupa	cabide	secador de cabelo

shampoo
xampu
bubble
bolha
brush
escova
toilet paper
papel higiênico
towel
toalha
clothesline
varal de roupas
shower
chuveiro
bathtub
banheira
laundry detergent
detergente para

bucket	mops	liquid soap
		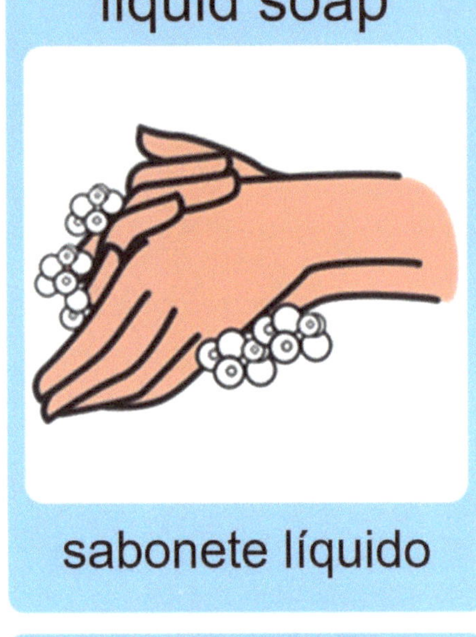
balde	mops	sabonete líquido
washing powder	trash bag	trash can

sabão em pó	saco do lixo	lixeira
sinks	toilet bowl	washing machine

pias	vaso sanitário	máquina de lavar

laundry basket	razor	electric razor

cesto de roupa suja	navalha	barbeador elétrico
shaving cream	mouthwash	cotton bud

creme de barbear	enxaguatório bucal	cotonete
hair brush	comb	cleanser

escova de cabelo	pente	limpador